पंचतंत्र

सूझ बूझ की कहानियाँ

Om KIDZ
An imprint of Om Books International

Om Kidz | Om Books International

Reprinted in 2020

Corporate & Editorial Office
A-12, Sector 64, Noida 201 301
Uttar Pradesh, India
Phone: +91 120 477 4100
Email: editorial@ombooks.com
Website: www.ombooksinternational.com

Sales Office
107, Ansari Road, Darya Ganj
New Delhi 110 002, India
Phone: +91 11 4000 9000
Email: sales@ombooks.com
Website: www.ombooks.com

ISBN: 978-81-87108-18-4

Printed in India

10 9 8 7 6 5

अनुक्रमणिका

गीदड़ और ढोल

एक घने जंगल में फौज की छावनी के पास एक गीदड़ रहता था। उस सुंदर वन में वह सुख से जीवन बिता रहा था क्योंकि वहाँ खाने के लिए काफी सामान मौजूद था और खेलने के लिए अनेक मित्र थे।

एक दिन उसे फौज के शिविर से आता हुआ शोर सुनाई दिया। उसे ताज्जुब हुआ कि यह क्या है? उसने अपने मित्रों से कहा, "चलकर देखें कि ये लोग इतना शोर क्यों कर रहे हैं?"

जंगल में सभी पशु उन अपरिचित लोगों से दूर ही रहना पसंद करते थे। इसलिए मित्रों ने साफ मना कर दिया। एक ने कहा, "हम नहीं चाहते कि वे आदमी हमें पकड़ लें।" दूसरे ने डर से काँपते हुए कहा, "भगवान ही जानता है कि ये कितने भयंकर हो सकते हैं।" तीसरा चीखता हुआ बोला, "वे लोग हमारा शिकार कर लेंगे और मैं मरना नहीं चाहता।"

परन्तु गीदड़ को किसी भी प्रकार रोका नहीं जा सका और मित्रों के मना करने पर भी उसने अकेले वहाँ जाकर देखने का इरादा किया। वह बड़बड़ाया, “ये डरपोक बिल्लियाँ कोई बात समझती ही नहीं! आखिकार वे आदमी ही तो हैं। वे कितने खतरनाक हो सकते हैं?”

इसलिए वह शीघ्र ही फौज के निवास स्थान पर पहुँचा। वह सोचता जा रहा था कि वहाँ उसे खूब मजेदार खाना मिलेगा। उसने दिनभर कुछ नहीं खाया था और अब उसे बहुत जोर की भूख लग रही थी।

जब वह तंबू में पहुँचा तो उसने देखा कि लोग खूब पी रहे हैं, खा रहे हैं और खुशियाँ मना रहे हैं। वे खूब शोर मचा रहे थे। ऐसा लगा कि जैसे वे जलसा कर रहे हों। उसने अपने मन में कहा, “देखो, यहाँ डरने की तो कोई बात नहीं, ये लोग सरल व सीधे-सादे हैं। वाह! भोजन से कितनी अच्छी महक आ रही है। मैं किस तरह इस पर

हाथ साफ कर सकता हूँ!” जब वह उस ओर आगे बढ़ा तभी शिविर में से ‘बूम’ की आवाज हुई। यह शोर सुनकर गीदड़ डर गया और फौरन ही एक पेड़ के पीछे जा छिपा।

बूम......बूम......बूम..... धमाके होते रहे।

उसने देखा सब लोग उठकर फौरन ही अपने-अपने तम्बुओं में भागे। अचानक ही जलसा खत्म हो गया और वहाँ कोई भी दिखाई न दिया।

"जरूर कोई भयंकर घटना हुई है।" गीदड़ काँप उठा। डर से उसके रोंगटे खड़े हो गए। वह यह नहीं समझ सका कि यह सोने के समय का संकेत देने वाले नगाड़े की

आवाज थी। कई घंटे बीत गए, वह उसी जगह छिपा रहा। उसे शिविर में झाँक कर देखने की हिम्मत भी नहीं हुई।

तब अचानक उसके पेट से गड़गड़ की आवाज आई। अब वह बहुत भूखा था। उसने सोचा कि क्या करूँ? क्या अब तंबू में जाने की हिम्मत की जाए?

बहुत देर तक कोई आवाज नहीं हुई। उसने सोचा, "शायद जंगली लोग चले गए।" इसलिए धीरे-धीरे सँभल-सँभल कर सावधानी के साथ उसने पेड़ के पीछे से आगे की ओर कदम बढ़ाए और चारों ओर देखा। कहीं कोई दिखाई नहीं दिया। आहिस्ता-आहिस्ता चलते हुए साहस करके वह बाहर आया और भोजन की तलाश करने लगा।

पर वहाँ कुछ भी नहीं था। सारा जायकेदार भोजन खत्म हो चुका था।

वह चारों ओर घूम रहा था तभी अचानक उसने एक ढोल देखा।

"अहा! यही वह जगह है जहाँ शायद वे सारा भोजन रखते हैं।" उसने सोचा।

वह ढोल के चारों ओर घूम-घूम कर उसे सूँघने लगा। अब ढोल से जायकेदार खाने की महक नहीं आई। "पर

अवश्य ही इसके अंदर कुछ खाना होगा," गीदड़ ने सोचा। उसके खुलने का स्थान खोजते हुए उसने अपने पंजे से ढोल को थपथपाया।

“बूम।” आवाज हुई।

गीदड़ जोर से बोला, “मैंने शैतान का पेट खोज लिया!” वह भागकर एक झाड़ी के पीछे छिप गया और इंतजार करने लगा। अगर शैतान उसके पीछे आया तो वह भाग जाएगा परन्तु ढोल तो हिला तक नहीं। उसने

सोचा, "यह शैतान नहीं हो सकता क्योंकि यह न तो हिल रहा है और न साँस ले रहा है। यह उनका भोजन रखने का बर्तन हो सकता है। मैं चलकर इसे खोलता हूँ।"

इसलिए वह फिर ढोल के पास गया। उसके अंदर भोजन मिलने की आशा में उसने उसकी खाल को कुछ सख्ती से कुरेदा।

जैसे–जैसे गीदड़ ने ढोल पर अधिक सख्ती से कुरेदा वैसे–वैसे ही ढोल से ऊँची आवाज हुई पर यह खुला नहीं।

गीदड़ ने चारों ओर घूम कर देखा। उसे एक बड़ी छड़ी मिली। उसने छड़ी से ढोल को इतनी जोर से पीटा की ढोल का चमड़ा फट गया।

गीदड़ ने भोजन की खोज करने के लिए उसके सुराख में अपना पंजा डाला पर वहाँ भोजन नहीं था। ढोल के अंदर लकड़ी का पोला पीपा था।

इस प्रकार बेवकूफ बन जाने पर गीदड़ को अपने पर हँसी आई। "मैं भी कितना मूर्ख हूँ कि इस छोटी-सी

चीज से डर गया क्योंकि दूसरों ने मेरे दिमाग में डर भर दिया," उसने अपने मन में कहा। "मैं भविष्य में अधिक समझदार बनूँगा," यह कहता हुआ वह जंगल को चला गया।

सबसे अधिक खतरनाक जानवर

यज्ञदत्त नाम का एक गरीब ब्राह्मण था जिसकी पत्नी प्रतिदिन अपनी किस्मत को कोसती और अपने पति को बुरा-भला कहती रहती थी।

"अरे निकम्मे ब्राह्मण," वह चिल्लाकर कहती थी "क्या तुम इतने बेदर्द और लापरवाह हो कि अपनी पत्नी और बच्चों को भूखों मरते देखोगे?"

बेचारा ब्राह्मण उसे समझाने की काफी कोशिश करता था पर उसकी पत्नी कुछ नहीं सुनती थी। अंत में यज्ञदत्त अपने जीवन से इतना परेशान

हो गया कि वह जंगल में भाग गया। वहाँ वह भूखा-प्यासा कई दिन तक घूमता रहा।

बहुत समय तक खोज करने के बाद एक कुएँ के पास पहुँचा जिसमें जंगली घास ऊपर तक उग आई थी। गहराई में झाँकने पर उसने देखा कि कुएँ में पानी नहीं था। बल्कि

चार प्राणी थे। उनमें से तीन जानवर थे – एक भयंकर बाघ, एक शरारती बंदर और एक चिकना काला साँप। चौथा एक आदमी था।

वे चिल्ला-चिल्लाकर उससे अपनी रक्षा करने के लिए कहने लगे। बिना हिचकिचाहट ब्राह्मण ने कुएँ में एक मजबूत लता फेंकी और आदमी को ठीक-ठाक बाहर खींच लिया।

आदमी ने उसे बहुत-बहुत धन्यवाद दिया और कहा, "बदले में मुझसे किसी भी तरह की मदद माँगने में शर्म न करना। मेरा नाम भृगुकच्छ है। मैं पास के गाँव में सुनार हूँ। अगर तुम कभी सोने के गहने खरीदना या बेचना चाहो तो मेरे पास आना।"

ऐसा कहकर वह अपने रास्ते चला गया। अब बाघ ने अपनी जान बचाने के लिए ब्राह्मण से प्रार्थना की। ब्राह्मण ने कहा, “अरे, मैं तुम्हें बाहर निकालने की हिम्मत कैसे कर सकता हूँ, तुम एक खतरनाक मनुष्य को खाने वाले जीव हो और मुझे फौरन अपना भोजन बना लोगे।” परंतु

बाघ ने ब्राह्मण को वचन दिया कि वह किसी प्रकार भी उसको नुकसान नहीं पहुँचाएगा। इसलिए ब्राह्मण ने उसे बाहर खींच लिया। उसने ब्राह्मण को धन्यवाद दिया और यह कहता हुआ अपने रास्ते चला गया कि, “मैं पहाड़ पर रहता हूँ, तुम शीघ्र ही मुझसे मिलने आना।”

अब बंदर की बारी आई। ब्राह्मण ने उससे कहा, "मैं सोचता हूँ कि तुम मुझे अपने पंजों से नाखून मारकर जख्मी कर दोगे या शरारत करके मुझे कुँए में धकेल दोगे।"

"अरे नहीं श्रीमान," बंदर ने अचरज प्रकट करते हुए कहा, "मैं ऐसा नहीं करूँगा।"

गहरी साँस भरते हुए ब्राह्मण ने उसे भी बाहर खींच लिया। बंदर ने उसे धन्यवाद दिया और कहा, "मैं झील के पास पेड़ पर रहता हूँ। अगर तुम्हें कभी भूख महसूस हो तो मेरे पास आना।" और तब वह उछलता हुआ जंगल को चला गया।

यह सोचते हुए कि साँप उसे काट सकता है, ब्राह्मण ने डर से काँपते हुए साँप को भी बाहर खींच लिया।

बाहर आकर साँप ने कहा, "मुझसे डरने की कोई जरूरत नहीं। मैं केवल उनको ही नुकसान पहुँचाता हूँ जो मुझे नुकसान पहुँचाते हैं। यदि तुम कभी किसी

मुसीबत में फँस जाओ तो मुझे याद करना।" साँप भी वहाँ से सरक गया।

कुछ दिन बाद भूख लगने पर ब्राह्मण बंदर से मिलने गया। बंदर ने उसे बहुत से जायकेदार फल खाने के लिए

दिए। बंदर को धन्यवाद देकर वह बाघ से मिलने गया। उसे यह देखकर ताज्जुब हुआ कि उसे देने के लिए बाघ के पास एक उपहार था - सोने के गहने! बाघ ने बताया कि एक राजकुमार अपने घोड़े से गिरकर वहाँ मर गया था। ये उसके गहने थे। ब्राह्मण ने उसे धन्यवाद दिया।

उसने उन गहनों को सुनार के पास बेचने का निश्चय किया। इसलिए वह उसकी दुकान पर पहुँचा।

लालची सुनार ने ब्राह्मण से इंतजार करने को कहा और उन रत्न जड़ित गहनों को लेकर बेचने के लिए राजा के पास पहुँचा।

रत्न जड़ित इन गहनों को देखकर राजा ने गरज कर कहा, "ये तो मेरे बेटे के गहने हैं। अरे सुनार, तुमने उसे मार डाला। ओ पहरेदार! इसे फाँसी पर चढ़ा दो।"

तभी उस कायर और भ्रष्ट सुनार ने कहा, "महाराज, ये गहने मुझे एक ब्राह्मण से मिले हैं। जो मेरे घर पर मौजूद है। हो सकता है कि उसने आपके बेटे को मारा हो।"

इसलिए ब्राह्मण को पकड़कर कैद कर दिया गया। वह बहुत चीखा-चिल्लाया। अपनी मुसीबत के समय उसने साँप को याद किया। क्षण भर में ही साँप उसके सामने उपस्थित हो गया। उसने ब्राह्मण के दुर्भाग्य की कहानी सुनी और कहा, "मेरे पास तुम्हें बचाने की एक तरकीब है। मैं रानी

को काट लूँगा और तुम्हारे सिवा उसे अन्य कोई नहीं बचा सकेगा। तुम्हारे हाथ से छूते ही वह अच्छी हो जाएगी।"

उस रात साँप सरकता हुआ रानी के कमरे में पहुँचा और उसको काट लिया।

सारे महल में शोर मच गया। दूर-दूर से वैद्यों को बुलाया गया परंतु कोई भी रानी का इलाज न कर सका और राजा दुखी होकर रोने लगा। तब ब्राह्मण ने जेल के पहरेदारों से कहा कि वह रानी की मदद कर सकता है। उसी समय

उसे रानी के पास पहुँचाया गया। ज्योंहि ब्राह्मण ने उसे छुआ त्योंहि सारा जहर बहकर बाहर निकल गया और रानी ने अपनी आँखें खोल दीं।

महल में खुशियाँ छा गईं। राजा ने दिल से ब्राह्मण को धन्यवाद दिया और ब्राह्मण को गहने कैसे मिले, इस सच्चाई को ध्यान से सुना। उसने सुनार को सजा दी और ब्राह्मण को एक हजार गाँवों का स्वामी बना दिया। वह अपने परिवार के साथ सुख से रहने लगा।

इस प्रकार हम देख सकते हैं कि सबसे अधिक भयंकर जानवर ने ब्राह्मण को नुकसान नहीं पहुँचाया अपितु सुनार उसके लिए सबसे अधिक खतरनाक जीव बन गया।

साँप और राजकुमारी

एक बार बहुत दूर राज्य में एक राजा रहता था जिसके पुत्र को एक अजीब रोग था। राजकुमार के पेट में एक जीवित साँप रहता था।

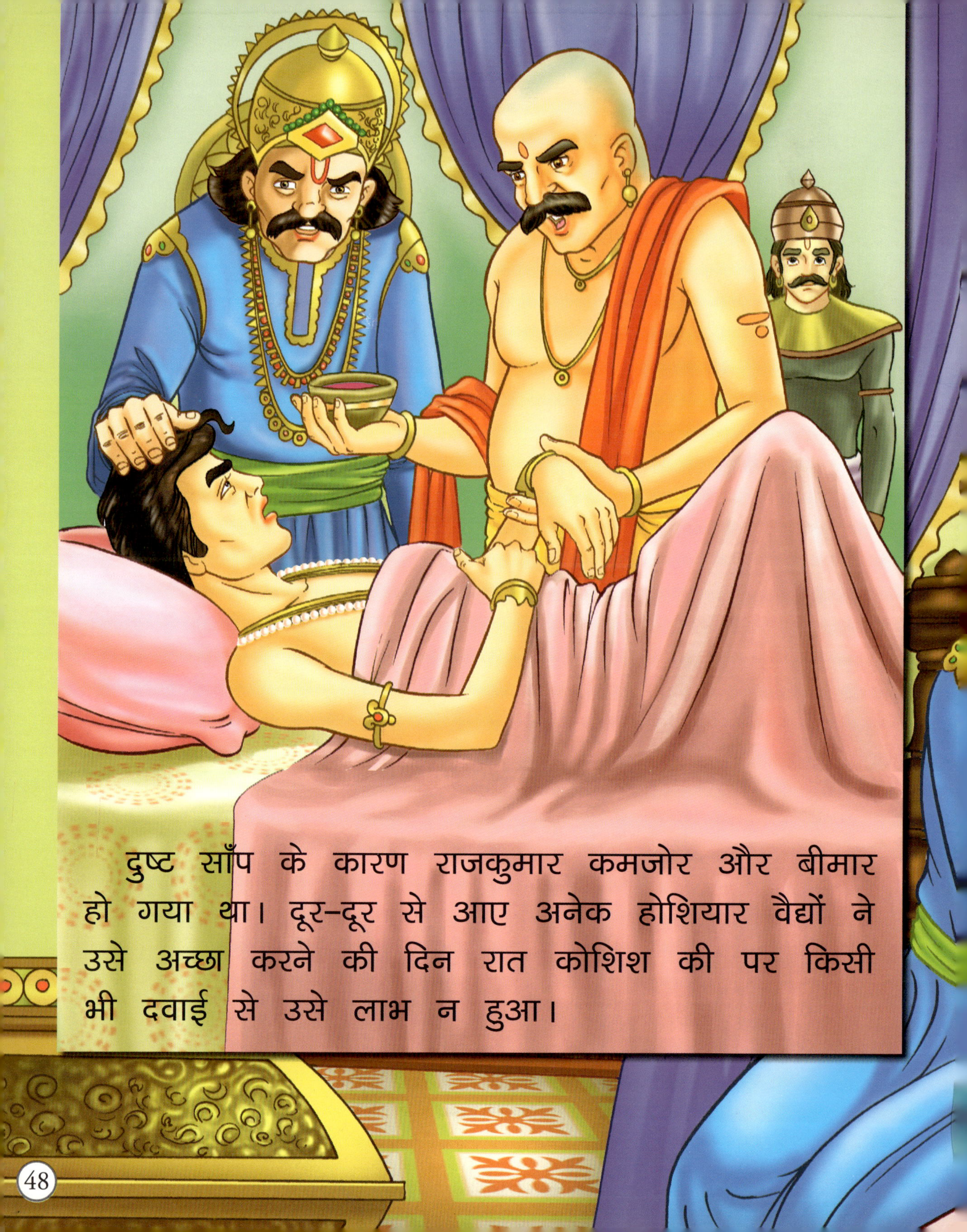

दुष्ट साँप के कारण राजकुमार कमजोर और बीमार हो गया था। दूर-दूर से आए अनेक होशियार वैद्यों ने उसे अच्छा करने की दिन रात कोशिश की पर किसी भी दवाई से उसे लाभ न हुआ।

एक दिन राजकुमार ने दुखी होकर कहा, "मैं इस प्रकार अधिक समय तक नहीं रह सकता। मैं अपना जीवन भगवान की प्रार्थना और भक्ति में बिता दूँगा।"

ऐसा कहकर वह एक दूसरे नगर में रहने के लिए चला गया, जहां राजा बाली राज्य करता था।

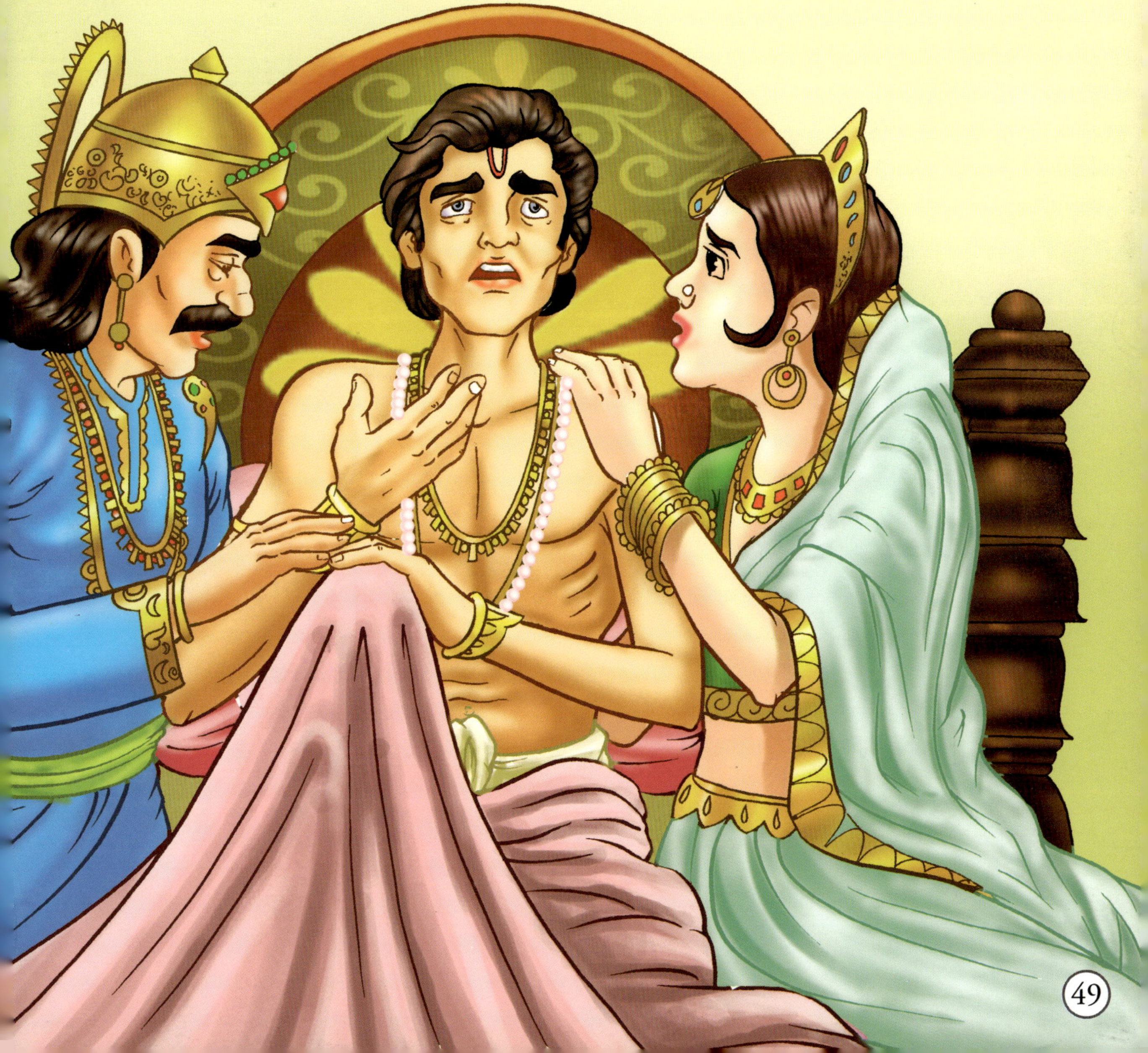

राजा की दो सुन्दर बेटियाँ थीं। बड़ी बेटी हमेशा राजा की चापलूसी करती हुई कहती थी, "पिताजी आपकी विजय हो, आप महान राजा हैं। संसार की सारी धन-दौलत पर

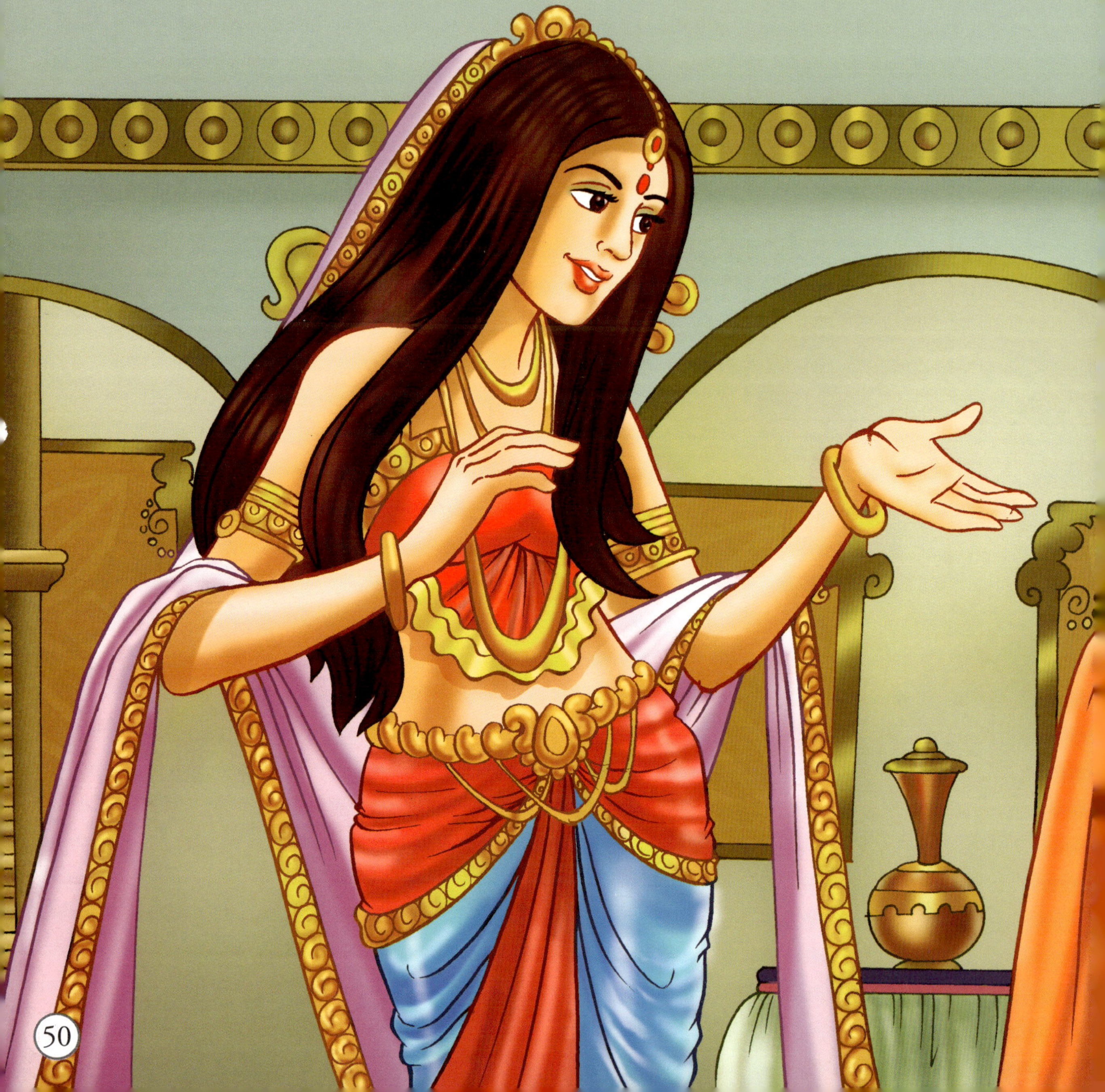

आपका अधिकार हो।” परंतु छोटी बेटी सत्य बोलने वाली और न्याय प्रिय थी। उसने अपने पिता से कहा, “भगवान आपको आपकी योग्यता के अनुसार दें।”

यह सुनकर राजा नाराज हुआ। उसने अपने मंत्रियों को हुक्म दिया कि मंदिर में गरीब भिखारी के साथ इसका विवाह कराया जाए। भिखारी और कोई नहीं, वही राजकुमार था जिसके पेट में दुष्ट साँप था। उसके साथ विवाह करना कितना भयंकर था!

पर राजकुमारी ने उसे खुशी से अपना पति मान लिया और कहा, उसे योग्यता के अनुसार पति प्राप्त हुआ।

नए दुल्हा-दुलहिन ने जंगल में मंदिर के पास एक छोटी-सी कुटिया बनाई और भगवान की भक्ति करते हुए जीवन बिताने लगे।

एक बार जब राजकुमारी घर वापस आ रही थी तो उसने देखा कि उसका पति एक पत्थर की चट्टान पर सो रहा था। उसे यह देखकर ताज्जुब हुआ कि उसके पति के मुख से निकल कर एक साँप धूप सेंक रहा था और एक दूसरा शैतान साँप बाँबी से फुंकार रहा था।

बाँबी वाले साँप ने दूसरे साँप से कहा, “अरे नीच तू इस सज्जन और ईश्वर-भक्त मनुष्य को क्यों परेशान कर रहा है? क्या तू समझता है कि लोग तेरे भेद को नहीं

जानते कि सरसों के साथ पकाया हुआ माँड वाला चावल खाने पर तू फौरन मर जाएगा?”

इस पर पेट से निकले हुए साँप ने फुंकारते हुए कहा, “ओ बेवकूफ, चुप रह। मैं भी तेरा भेद जानता हूँ कि तेरी

बाँबी में सोने के बर्तन छिपे हैं और उबलता हुआ गर्म तेल डालने पर तू मर जाएगा।"

राजकुमारी ने पेड़ के पीछे से चुपचाप सब कुछ सुन लिया। उसने सरसों के साथ माँड वाले चावल पकाए और

अपने पति को खिलाए। उसके अचरज का ठिकाना न रहा जब साँप फौरन ही राजकुमार के पेट में मर गया और राजकुमार उसी समय ठीक हो गया।

तब उन दोनों ने उबलता हुआ गर्म तेल बाँबी में डालकर दूसरे साँप को भी मार दिया। अब चमकते हुए सोने के बर्तनों पर उनका अधिकार हो गया।

इसके बाद ईश्वर-भक्त राजकुमार और राजकुमारी ने स्वस्थ और सुखी जीवन बिताया।

यह सत्य है कि मनुष्य अपनी योग्यता के अनुसार ही फल पाता है। ईश्वर ने भक्तों की मदद की। किंतु एक-दूसरे

को नुकसान पहुंचाने का यत्न करने वाले साँपों का दुखभरा अंत हुआ।

गधे का गाना

धोबी का एक गधा था। बेचारे गधे को बहुत मेहनत करनी पड़ती थी। हर सुबह वह अपने स्वामी के साथ सारे गाँव का सफर तय करता था।

धोबी गाँव में प्रत्येक घर से गंदे कपड़े इकट्ठे करके भारी और बदबूदार बोझे को गधे की पीठ पर लादता था। गधा बोझ के कारण ठोकर खाता हुआ, पाँवों को घसीट-घसीट

कर घाट तक पहुंच पाता था। शाम के समय धुले हुए कपड़ों को लेकर उसे थकान भरी दूसरी पारी करके गाँव वापस जाना पड़ता था।

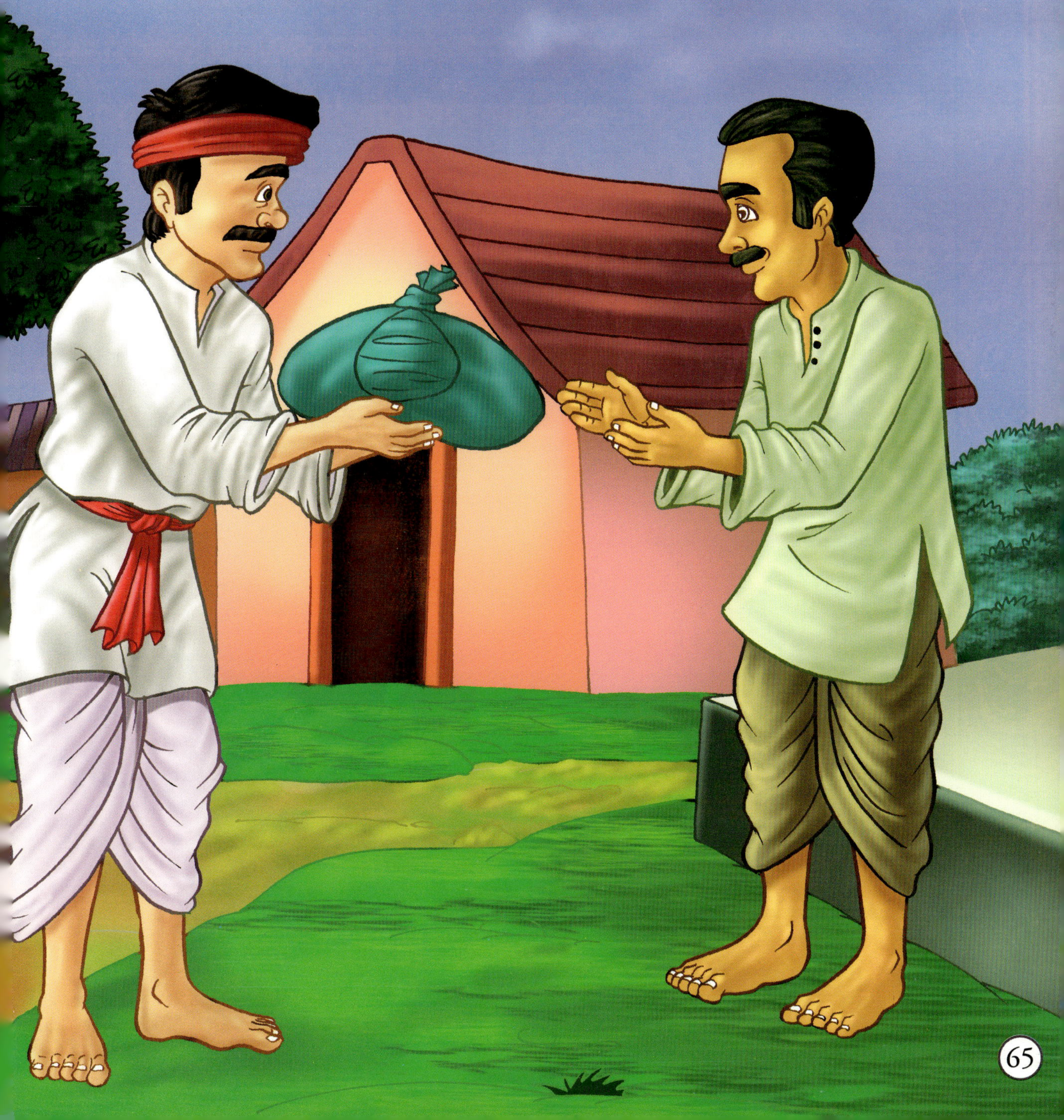

इतनी मेहनत करने के बाद भी गधे के साथ लापरवाही की जाती थी। उसे खाने के लिए पूरा भोजन भी नहीं मिलता था और हर रात उसे भूखे पेट सोना पड़ता था।

"अब मैं क्या करूँ?" गधा परेशान हुआ और सोचने लगा "अगर मैं नहीं सो सकूँगा तो काम नहीं कर पाऊँगा और तब मेरा स्वामी मुझे खूब पीटेगा। मुझे भोजन की खोज करनी चाहिए।"

इसलिए वह अंधेरी रात में बाहर निकल गया और घास के ढेर की या रसोईघर के बाहर पड़ी जूठन की खोज करने लगा।

रास्ते में उसे एक गीदड़ मिला। गीदड़ ने कहा, "भाई गधे, तुम कहाँ जा रहे हो? अब रात हो चुकी है, अगर तुम अकेले जाओगे तो खतरे में पड़ सकते हो।"

गधे ने उत्तर दिया, "मुझे कुछ भी मिल जाए, मुझे बहुत भूख लगी है और मैं भोजन की खोज कर रहा हूँ।"

गीदड़ बोला, "मुझे एक खेत का पता है, जहाँ ककड़ियाँ पैदा होती हैं। मैं तुम्हें वहाँ ले चलता हूँ। तुम जी भर कर खा सकते हो।"

गीदड़ और गधा खेत में गए। भूखे गधे ने सूर्य निकलने तक खूब ककड़ियाँ खाईं। तब वह चुपचाप घर लौट गया और अपना काम करने लगा।

वह हर रात यही करने लगा। जब गधा ककड़ियाँ खाता था तो गीदड़ आने वाली मुसीबत से बचने के लिए पहरेदारी करता था।

एक रात की बात है कि ऐसा अच्छा मित्र और इतना अच्छा भोजन पाकर गधा खुश होकर बोला, "मेरे मित्र, मैं एक गाना गाकर तुम्हें धन्यवाद देना चाहता हूँ।"

गीदड़ ने उत्तर दिया, "नहीं मित्र, ऐसा मत करना। तुम्हारी आवाज बहुत ऊँची है। यदि तुम गाना गाओगे तो उसे सुनकर किसान जाग उठेंगे और तुम्हें पीटेंगे।"

गधे ने अपनी बेइज्जती महसूस की। उसने कहा, "तुम जंगल में रहते हो और संगीत नहीं सुनना चाहते। मैं तो जरूर गाऊँगा और तुम मुझे नहीं रोक सकते!"

"हे मेरे प्यारे परमेश्वर," गीदड़ ने सोचा, "यह मैंने क्या किया? सचमुच में यह मेरी मूर्खता थी कि एक बेवकूफ गधे की मदद की। सब जानते हैं कि गधे में दिमाग नहीं होता।"

अतः गीदड़ गधे से बोला, "अगर तुमने गाने का इरादा कर ही लिया है तो जब तक मैं दूर जाकर छिप न जाऊँ तब तक इंतजार करना।"

ज्योंहि गीदड़ भाग कर पेड़ों के पीछे छिप गया, गधा जोर से गाने लगा।

कुछ ही समय बाद खूब शोर हुआ। किसान जाग उठे और अपने हाथों में लाठियाँ लिए गधे को पीटने आए, जो हर रात उनकी फसल को नष्ट करता था। उन्होंने गधे को बुरी तरह पीटा और उसकी गर्दन से एक भारी पत्थर

बाँध दिया। जब वे लोग चले गये तो गीदड़ धीरे-धीरे चलकर अपने दोस्त के पास आया। उसने कहा, “अगर तुमने मेरी बात मान ली होती तो तुम्हारी गर्दन में यह पत्थर न बंधता।”

OTHER TITLES IN THIS SERIES